T0145031

Paco
and the fluffy bear

Paco
y el oso suavecito

Una historia de / Written by

Elena Mendez Knutson

Dibujos de / Illustrated by

Cristielle Pimenta

WestBow Press books may be ordered through booksellers or by contacting:

WestBow Press
A Division of Thomas Nelson & Zondervan
1663 Liberty Drive
Bloomington, IN 47403
www.westbowpress.com
844-714-3454

Interior Image Credit: Cristielle Pimenta

ISBN: 978-1-6642-9675-6 (sc)
ISBN: 978-1-6642-9676-3 (hc)
ISBN: 978-1-6642-9677-0 (e)

Library of Congress Control Number: 2023906307

Print information available on the last page.

WestBow Press rev. date: 05/19/2023

WestBow
PRESS®
A DIVISION OF THOMAS NELSON
& ZONDERVAN

"Paco and the Fluffy Bear is a gift, not only to children who live in vulnerable situations, but to therapists, parents, and teachers. For children, Paco is more than a character in a book. He is a real boy who is walking one step ahead of them, forging a path through shared, scary experiences. Author Elena Mendez Knutson's writing is soothing and insightful, and Paco's story builds realistic hope in a dark situation. The author's ability to share Paco's story in Spanish and English is a double blessing. I look forward to reading more stories from this talented writer."

Kathy Serenko, Writing Expert. Forbes BrandVoice Writer. Founder, Create-a-Buzz Writing Workshops. Communication Consultant.

• • •

"Dear Parents and Children Ministers, Paco and the Fluffy Bear is a sad and difficult story. However, through this story you will find hope and strategies for helping kids and families as they recover from traumatic situations. This book is a heart-stirring narrative reminding us that a simple smile or hug from a trusted adult can make a huge difference. Elena, well done! Cristielle, your illustrations are truly beautiful."

Bill Emeott. Minister to Children, Houston's First Baptist Church. Former Kids Ministry Specialist at Lifeway Christian Resources. Master's Degree in Christian Education

"I have known Elena for many years and have seen how her tenacity and love for human beings, particularly children and families in distress, have flourished through her life and profession. That apparent ease with which she expresses the story of 'Paco and the Fluffy Bear' comes from a deep love for God, human beings, and particularly children. She knows firsthand what it is to suffer as a child in a world of adults that not even adults understand well, so this story, so beautifully illustrated, comes from the sweet and selfless geography of her heart. As a result, this book is an interwoven artwork full of love and professionalism."

Jose Otamendi. Professor at Evangelical Seminary in Caracas. Pastor at Hermanos en Cristo Jesús Redentor. PhD in Social Sciences, Central University Venezuela. MA in Bible, Ashland Theological Seminary. Bachelor's degree in Linguistics and Literature. Member from International Brethren in Christ Association (IBICA)

● ● ●

"Leer a Elena, su acercamiento profesional, cálido y amoroso a temas tan complejos como la violencia intrafamiliar, la pobreza y la vivencia de un niño desprotegido, deja una semilla de esperanza en todos aquellos que intentamos, como ella, tener una aproximación a lo genuinamente humano. 'Paco y el oso suavecito' es un cuento para niños, padres, maestros, terapeutas y todas aquellas personas que quieran entender e intervenir en las manifestaciones del sufrimiento. El lenguaje sencillo y cercano de Elena, así como las bellísimas ilustraciones de Cristielle, facilitan que un contenido áspero y difícil, se torne un poco más suavecito."

Natalia Mudarra. Venezuelan and Panamanian Psychoanalyst. Clinical Psychologist. Professor at Catholic University Andres Bello and the Interamerican University of Panama. Member of Publications and Communications at Latin American Psychoanalytic Federation (FEPAL). Member of the International Psychoanalytic Association (IPA), Member of the International Psychoanalytical Studies Organization.

Foreword

Palabras iniciales

Paco and the Fluffy Bear is based on a real-life childhood story in a community clinical psychology practice in a rural area of Caracas, Venezuela. The story has been modified in certain areas. The names of places and characters have been changed for reasons of confidentiality and professional ethics.

Paco y el Oso Suavecito *está basado en una historia infantil de la vida real ocurrida en la práctica de psicología clínica comunitaria en un área rural de Caracas, Venezuela. La historia ha sido modificada en ciertas áreas, los nombres de lugares y personajes también por razones de confidencialidad y ética profesional.*

To all children who live in poverty and are survivors
of violence: Know you are deeply loved.

A todos los niños que han vivido en pobreza y violencia.
Sepan que ustedes son profundamente amados.

For children five years old and up.

Para niños a partir de los cinco años.

Paco vivía en una montaña, entre cerros y tierra.

Su casita estaba en la cima de la colina.

Cuando llovía él podía sentir gotitas caer sobre su cama.
Algunas veces, si la lluvia era muy fuerte, su casita se llenaba de
lodo o podían caer trozos y partes de su techo.

Paco lived on a small mountain full of hills and land.

His little house was at the top of a hill.

When it rained, he could feel droplets fall on his bed.
Sometimes, if the rain was very strong, his little house would fill with mud.
Sometimes, during heavy rains, pieces and parts of his house's roof would fall.

4

Paco tenía una familia que le preocupaba.

Con frecuencia escuchaba muchos ruidos y objetos pesados que caían sobre el piso rústico de su casa.

Paco escuchaba a su papá hablar muy fuerte diariamente.

Por el orificio de la puerta, Paco observaba como su papá maltrataba a su mamá.

Paco had a family that worried him.

He often heard a lot of noise, such as heavy objects falling on the rustic floor of his house.

Paco listened to his father speak very loudly every day.

Through the hole in his door, Paco watched as his dad mistreated and beat his mother.

5

Paco observaba a su mami muy triste y percibía que ella sentía dolor. No entendía completamente, pero sabía que eso estaba mal. Un día Paco se detuvo frente a su papá y le dijo: «Deja a mi mamá tranquila.»

Paco looked at Mommy sadly and noticed that she was feeling some pain. Paco didn't fully understand, but he knew that something was wrong.

One day, Paco stood in front of his dad and said, "Leave my mom alone."

Paco se sentía muchas veces solo y confundido.

En noches oscuras, Paco no podía cerrar sus ojitos porque se quedaba pensando.

Paco sentía su corazón latir rápido.

Paco se había vuelto distraído y no podía avanzar mucho en la escuela.

Paco tenía miedo de acercarse a otros.

Paco estaba temeroso y se sentía inseguro.

Paco tenía sueños preocupantes.

Paco often felt lonely and confused.

On dark nights, Paco did not close his eyes; he stayed awake, thinking.

Paco felt his heart beating fast.

Paco had become distracted and could not make much progress in school.

Paco was afraid of talking to others.

Paco was fearful, and he felt insecure.

Paco had worrisome dreams.

7

La mamá de Paco un día lo llevó a un centro de salud rural.

Ese lugar estaba lleno de juguetes y allí se encontraba una persona llamada terapeuta.

La terapeuta le sonrió a Paco y lo invitó a jugar, dibujar y hablar.

One day, Paco's mother took him to a rural health center.

That place was full of toys, and there was a person called a therapist. The therapist smiled at Paco and invited him to play, draw, and talk.

Paco percibió como una lucecita
cuando entró a este lugar.
"No todo es miedo y oscuridad, hay lugares
donde uno se siente tranquilo", pensó.
Paco sintió que estaba entrando como
a otro planeta o a otra dimensión.
Su mente despertó, empezó a observar
todo lo bonito de su alrededor y sobre
todo, sintió una profunda calma. Algo
que jamás había experimentado.

Paco saw a little light when he entered
this place. Pablo felt that he was
entering another planet or dimension.
His mind woke up, and he began
to observe the beauty around him
and feel calm. It was something he
had never experienced before.

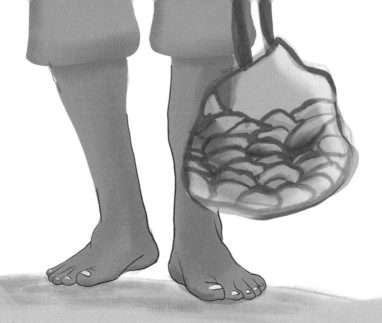

Paco y su mamá no tenían dinero para pagar la terapia.
Aunque el centro de salud brindaba servicios gratuitos, la terapeuta le solicitó
a Paco llevar una piedrita por cada sesión de terapia de juego.
A la segunda sesión, Paco se presentó con sus chancletas llenas de
polvo y con una bolsa grande llena de muchas piedritas.
La mamá le dijo a la terapeuta que Paco había tomado cada piedrita que encontraba en
el camino para llevársela a ella. Paco parecía querer muchas sesiones en el futuro.
Así, Paco repitió la rutina cada semana que iba a su terapia.

Paco and his mother had no money to pay for therapy.
Although the health center provided free services, the therapist asked
Paco to bring her a pebble for each session of play therapy.
At the second session, Paco appeared wearing dusty
flip-flops and holding a large bag full of many pebbles.
Paco's mother told the therapist that Paco had taken every pebble he had found on the road.
Thus, Paco repeated the procedure every week that he went to his therapy.

En cada mirada y sonrisa de la terapeuta Paco observaba como un destello de luz que lo llenaba de alegría... Un día, Paco le preguntó a la terapeuta:

«¿Qué harás con todas mis piedritas?»

La terapeuta respondió:

«Voy a hacer un jardín decorado, que me recuerde a ti, porque tú eres muy importante para mí. La verdad, eres muy importante para muchos... para tu mamá, tu maestra, tu doctora y para el mundo entero.»

Paco sorprendido, sonrió y se sonrojó.

In each glance, look, and smile from his therapist, Paco observed a little light of joy.

One day, Paco asked the therapist, "And what will you do with all my pebbles?"

The therapist replied, "I am going to make a decorated garden that reminds me of you, because you are very important to me and to your mother, your teacher, and your doctor."

Paco was surprised, and he smiled and blushed.

Un día Paco observó con detenimiento un oso suavecito.

Lentamente se acercó al oso con curiosidad.

Luego Paco lo abrazó con ternura y empezó a tomarlo
como compañero en cada sesión de terapia.

Con el oso suavecito Paco empezó a sonreír y se sentía muy feliz.

La terapeuta lo miraba y le decía que todo era suyo mientras estuviera allí y que
podía jugar con lo que él quisiera... que el oso era suyo y su compañero.

Paco apretaba su osito fuertemente.

Paco se empezó a sentir más seguro.

One day, Paco saw a fluffy bear.

In time, he approached the bear with curiosity.

Then Paco hugged him tenderly.

Paco started to smile, and he felt happy.

The therapist looked at him and told him that everything
belonged to him while he was there and that he could play
with whatever he wanted. "That bear is yours now."

Paco began to feel safer and comfortable.

Paco aprendió a respirar profundo, a jugar con burbujas, a hacer origamis, a relajar sus músculos apretando y relajando su cuerpo. Paco aprendió a expresar sus emociones con música tocando diferentes instrumentos musicales y a través de sonidos de percusión.

Paco learned to practice deep breathing.
During his therapy, Paco played with bubbles and origami.
Also, he learned to relax his muscles by pressing and releasing stress from his body.
Paco learned to express his emotions through different musical instruments and percussion sounds.

Paco aprendió a observar cada detalle de la naturaleza.

«¿Qué ves?», preguntó la terapeuta mirando hacia la ventana y al cielo con nubes.

«Veo el sol, las nubes..., ¡oh!, algunas nubes tienen formas tenebrosas, pero otras se tornan como formas más alegres, como un lindo conejito», dijo Paco abrazando el oso.

He learned to observe
every detail of nature.
The therapist asked,
"What do you see?"
"I see the sun," Paco said, hugging
the bear, "the clouds ... Oh! Some
clouds have scary shapes, but
others take on cheerful shapes,
like a cute little bunny."

Paco aprendió a imaginar su lugar seguro en una nube suave y acolchada.
La terapeuta le dijo: «Imagina que estás acostado en una nube suave y tierna.»
Paco respondió: «Me lo imagino, me siento tranquilo.»

La mamá de Paco encontró apoyo de abogados, psicólogos, médicos
y trabajadores sociales. Paco sentía que todo empezaba a ser diferente
y que ya no estaba solo.

The therapist asked Paco to imagine his safe place.
"Imagine that you are lying on a soft, fluffy cloud."
Paco said, "I imagine it, and I feel calm."

Paco's mother found support from lawyers, psychologists,
doctors, and social workers. Paco felt that everything was
beginning to be different and that he was no longer alone.

Paco aprendió a abrazarse, a contenerse y
a consolarse cuando sentía miedo.
Semanas después, Paco, mejoró en la escuela.
Dormía mejor.
Sonreía más.

Paco learned to hug and comfort himself when he
was fearful or terrified. After several weeks, Paco
improved his performance at school. He began
to sleep better. He started to smile more.

16

Un día, Paco tomó a su oso, quien ya era su amigo de varias semanas y se acercó a la terapeuta para decirle: «La flor que tiene el oso, es para ti. Y abrazó con el oso a la terapeuta.» Era su forma de decir "gracias por todo".

One day, Paco took his bear, who had been his friend for several weeks, and he approached the therapist to tell her, "The flower that the bear has is for you." Then he hugged his therapist with the bear. Paco said, "Thanks a lot."

Paco y su mamá recibieron asistencia social y una
donación de una fundación. Se mudaron de la zona rural
y recibieron apoyo para vivir seguros y en paz.
La policía y el sistema legal se ocuparon de su papá.

Paco and his mother received social assistance
and a donation from a foundation.
They were able to move from the rural area.
They received support to live safely and in peace.
Police officers and the legal system took care of his dad.

Mirar a un niño, sonreírle y mostrarle su valor,
son acciones que pueden cambiar sus vidas
por siempre. Así ocurrió en la vida de Paco.
Basta que solo una persona ilumine la vida a un
niño para enseñarle que la esperanza aún existe.
Sé la esperanza de un niño hoy.
Desafortunadamente, muchos niños
viven en oscuridad y temor.
Guiemos a los niños a la verdad. Ellos
son amados, importantes y valiosos.
"No tengo yo mayor gozo que éste, el oír que
mis hijos andan en la verdad." (3 Juan 1:4 NVI).

Looking at children, smiling at them,
and showing them their value could
change the lives of children like Paco.
Be a child's hope today. Many children
live in a dark world right now.
Let us guide our children to the truth. They are
loved, they are important, and they are worthy.

I have no greater joy than to hear
that my children are walking in
the truth. (3 John 1:4 NIV)

Jesus loves children.

Praying and talking with him can help you in difficult moments.

Jesus said, "Let the little children come to me, and do not hinder them, for the Kingdom of heaven belongs to such as these." (Matthew 19:14 NIV)

If you want to know more about Jesus, please contact us at

www.sublimegrowth.org.

Jesús ama a todos los niños.

Orar y hablar con él puede ayudarte en momentos difíciles.
"Pero Jesús dijo: Dejad a los niños venir a mí, y no se lo impidáis; porque

de los tales es el reino de los cielos". (Mateo 19:14)

Si quieres saber más acerca de Jesús, por favor contáctanos.

www.sublimegrowth.org

Note to Teachers, Therapists, and Parents

This story was supported by

- motivational interviewing;
- child-centered therapy (Virginia Axline);
- play therapy fundamentals;
- trauma-informed interventions;
- art therapy, mindfulness, and music therapy;
- attachment theory and trust-based relational interventions (TBRI);
- psychodynamic transitional objects (Donald Winnicott);
- systemic support in case of domestic violence; and
- Christian and moral values.

Nota para maestros, terapeutas y padres

El caso de esta historia se apoya en:

- Entrevistas motivacionales
- Terapia centrada en el niño (Virginia Axline)
- Fundamentos de la terapia del juego
- Intervenciones en trauma
- Terapia de arte, atención y musicoterapia
- Teoría del apego e intervención de relación basada en la confianza (TBRI)
- Objeto de transición psicodinámico (Donald Winnicott)
- Apoyo sistémico en caso de violencia doméstica
- Valores cristianos y morales

About the author / La autora
Elena Méndez-Knutson

Fundadora de Sublime Growth

Psicóloga clínica y Trabajadora Social. Magíster en Psicología Clínica Comunitaria. Magister en Trabajo Social Clínico (LCSW). Certificada y especializada en el tratamiento del Trauma (CCTP). Formada en tratamientos basados en efectividad y evidencia científica. Perteneciente a la Asociación Nacional de Trabajadores Sociales de Texas, Estados Unidos, a la Federación Venezolana de Psicólogos y al Colegio de Psicólogos de Venezuela. Elena ha basado la mayor parte de su trabajo en evaluación, investigación, intervenciones clínicas, psicoeducación y trabajo en equipos interdisciplinarios en centros de cuidado de salud y responsabilidad social con valores cristianos.

Elena es conferencista, investigadora, y escritora con un sentido humano y social únicos. Ha dedicado más de doce (12) años a la atención psicológica a niños, niñas, adolescentes, adultos, familias y grupos que han experimentado traumas complejos, poli-victimización, duelo y problemas de salud mental en comunidades multiétnicas incluyendo inmigrantes latinos, hispanoamericanos y refugiados africanos. En su tiempo de descanso Elena dedica tiempo a la reflexión cristiana, oración, ejercicio, turismo, al conocimiento de nuevas culturas y lenguajes y a la música. Desde temprana edad, usa el canto, la espiritualidad y la fe como formas de afrontamiento ante las complejidades de la vida. Elena es popular en Venezuela y en Texas. Muchas personas aprecian su melodiosa voz, amor, fe y servicio al prójimo.

Founder of Sublime Growth

Venezuelan Clinical Psychologist and American Clinical Social Worker. Master in Community Clinical Psychology from Catholic University, Caracas, Venezuela. Master in social work from the University of Houston. Certified and specialized in the treatment of trauma (CCTP). Licensed Clinical Social Worker (LCSW). Trained in treatments based on effectiveness and scientific evidence. Member of the National Association of Social Workers of Texas, the Venezuelan Federation of Psychologists, and the College of Psychologists of Venezuela. Elena has focused most of her work on assessments, research, clinical interventions, psychoeducation, and interdisciplinary teamwork in health care centers, hospitals and non-profit organizations.

Elena is a lecturer, researcher, and writer. She shows a unique human and social sensibility. She has dedicated more than twelve (12) years of her life to psychological care of children, adolescents, adults, families, and groups. The population that Elena regularly serves present complex trauma, poly-victimization, grief, and mental health problems. Elena's patients are from multi-ethnic communities, including Hispanic American immigrants, second-generation American Hispanics, and African refugees. When Elena is not working, she dedicates time to Christian reflection, praying, working out, traveling, learning new cultures and languages, listening, and playing music. From an early age, she utilizes music, spirituality, and faith to cope with life's complexities. Elena is well-known in Venezuela and Texas. Many appreciate her melodious voice, love, faith, and service to others.

About Cristielle Pimenta, Illustrator

Cristielle Pimenta is an art director, illustrator, and product designer from Brazil. She taught Portuguese language and Portuguese literature and started her career as a graphic designer in 2016. She illustrated her first book in 2021, *Suit Up for Launch with Shay* by author Sharon McDougle. Since then, many beautiful stories have reached the world of children's literature with Cristielle's drawings. Cristielle intends to expand her work as an illustrator to animation. For the project *Paco and the Fluffy Bear*, Cristielle started talking with the author Elena Knutson, whom Cristielle appreciates. Cristielle loves this exciting story of resilience and strength; the drawings sought to convey lightness as Paco feels more confident. Cristielle believes that working with books enchants the soul and makes us think of better days for children and adults of all ages worldwide.

Acerca de Cristielle

Cristielle Pimenta es directora de arte, ilustradora y diseñadora de productos de Brasil. Enseñó lengua y literatura portuguesa y comenzó su carrera como diseñadora gráfica en 2016. Ilustró su primer libro en 2021, *Suit Up for Launch with Shay*, de la autora Sharon McDougle. Desde entonces muchas bellas historias han llegado al mundo de la literatura infantil con los dibujos de Cristielle. Tiene la intención de expandir su trabajo como ilustradora a la animación pronto. El proyecto *Paco and the Fluffly Bear* comenzó con el contacto con la autora Elena Knutson, a quien la ilustradora tiene un gran aprecio. Cristielle ama la apasionante historia de resiliencia y fuerza de Paco. Ella expresa con sus dibujos la transición hacia el alivio, relajación, suavidad y calma del niño Paco que se sentía cada vez más seguro. Trabajar con libros en terapia es una herramienta que encanta al alma y despierta la fe y la esperanza. Cristielle cree en la bibloterapia para niños y adultos de todas las edades y de todo el mundo.

Printed in the United States
by Baker & Taylor Publisher Services